Thomas Gaulke

ALARM
im Großraum München

Einsätze von 1974 bis heute

Spreizereinsatz mit Hurst-Ausstattung im Jahr 1996.

Sutton Verlag GmbH
Hochheimer Straße 59
99094 Erfurt
www.suttonverlag.de

Copyright © Sutton Verlag, 2012
Alle Rechte vorbehalten

ISBN: 978-3-95400-005-0
Gestaltung und Satz: Sutton Verlag
Druck: Europrint a.s., Prag, Tschechische Republik

DANKSAGUNG UND QUELLENNACHWEIS

Der Autor bedankt sich herzlich bei den vielen Feuerwehren „seines" Einzugsbereichs im Großraum München für die jahrzehntelange gute Zusammenarbeit. Im Gegenzug bin ich seit jeher bestrebt, die gemeinsame Sache „Feuerwehr" zu unterstützen, mit jeder Publikation letztendlich auch Öffentlichkeitsarbeit zu betreiben und die vielen unterschiedlichen Einsatzbereiche, die die Männer und Frauen der Organisation unter teils widrigsten Umständen tagtäglich aufs Neue fordern, einem möglichst breiten Publikum zu vermitteln.

Die Textinformationen entstammen eigenen Aufzeichnungen oder wurden Presseberichten entnommen.

Dazwischen liegen 22 Jahre: der Autor als aktiver Feuerwehrmann und später als Fotograf.

Foto: Thomas Schubert

Foto: Werner Heeg

EINLEITUNG

Nach der positiven Resonanz auf das erste Werk „Die Münchner Feuerwehr im Einsatz" erscheint nun die zweite Publikation des Autors im Sutton Verlag. Während im 2011 erschienenen Buch die Einsätze innerhalb der Stadtgrenzen im Fokus standen, geht es diesmal um die Landkreise im Großraum der Bayerischen Landeshauptstadt. Der Berichtszeitraum bleibt hingegen unverändert.

Beginnend mit den 1970er-Jahren, in denen noch Brände landwirtschaftlicher Anwesen die größeren Herausforderungen darstellten, führt die Bilderreise vor dem Hintergrund zunehmender baulicher Verdichtung des Umlands mit zahllosen Gewerbebetrieben aller Art und dem breiten Ausbau der Verkehrsinfrastruktur mit ihren unfallträchtigen Begleiterscheinungen bis in die heutige Zeit, in der die unterschiedlichsten technischen Herausforderungen das Einsatzgeschehen dominieren. Aufgrund der Verlagerung der Alarmierung von den Polizeidienststellen hin zu integrierten Leitstellen mit rettungsdienstlichem und feuerwehrtechnischem Fachpersonal sollten mit einer qualifizierten Notrufabfrage die zur Bewältigung der Einsätze benötigten Kräfte dem konkreten Bedarf optimal angepasst werden. Da aber neue Meldebilder hinzukamen, stiegen die Einsatzzahlen weiter an. Bereits die vor vielen Jahren gegründeten First-Responder-Einheiten für die medizinische Ersthilfe schlugen hier deutlich zu Buche. Unzählige Menschen konnten dadurch am Leben erhalten werden. Stark zugenommen haben in den letzten Jahrzehnten auch die Anzahl der Brandmeldeanlagen und damit die Zahl von Täuschungs- und Blinden Alarmen. Steigenden Gesamteinsatzzahlen steht nach wie vor ein Rückgang bei der Brandbekämpfung gegenüber.

DIE EINSÄTZE

Eine fotografische Zeitreise durch die Jahrzehnte

Vier Jahrzehnte haben auch für die Feuerwehren im Dunstkreis der Landeshauptstadt viel verändert. Am Anfang dieses Zeitraums stand die Gemeindegebietsreform, die viele Wehren aus ihren Landkreisen in Nachbarkreise versetzte und aus selbstständigen Einheiten Untergruppen neuer Gemeindefeuerwehren machte. Äußerst positiv entwickelte sich hingegen die Ausstattung mit Unterkünften und Gerätschaften, bedingt durch die immer komplexeren Anforderungen der jeweiligen Einsatzbereiche. Die persönliche Schutzausrüstung ist Welten von jener der 1970er-Jahre entfernt, mit der jeder größere Einsatz zu einem gesundheitlichen Roulettespiel wurde. Die Bilder führen zurück in diese Zeit, in der so manche Feuerwehr noch keine 100 Jahre alt war! Hydraulische Rettungsgeräte wurden hierzulande gerade erst eingeführt. Viele Aktive können sich heute nicht mehr vorstellen, ohne diese Innovationen zu arbeiten. Ende der 1970er-Jahre wurde die erste Frontlenker-Generation ausgeliefert. Der Rettungskorb für die Drehleitern wurde in den 1980er-Jahren obligatorisch, gleichzeitig führte man Krankentragenhalterungen für die Rettung Verletzter ein. Seit Mitte der 1990er-Jahre steht in der bayerischen Landeshauptstadt eine Höhenrettungsgruppe bereit. Diese Spezialausbildung hielt auch in freiwilligen Feuerwehren (FF) Einzug. Aufblasbare Sprungretter ersetzten das traditionelle Sprungtuch, das erhebliches Verletzungspotential barg. Drucklüfter sorgen für bessere Sicht im Innenangriff.

Nach der Jahrtausendwende wurden mit der Druckluftschaumtechnik CAFS, Rettungsbühnen und Verkehrssicherungsanhänger weitere, äußerst hilfreiche Neuerungen eingeführt. Die Liste ließe sich fortsetzen.

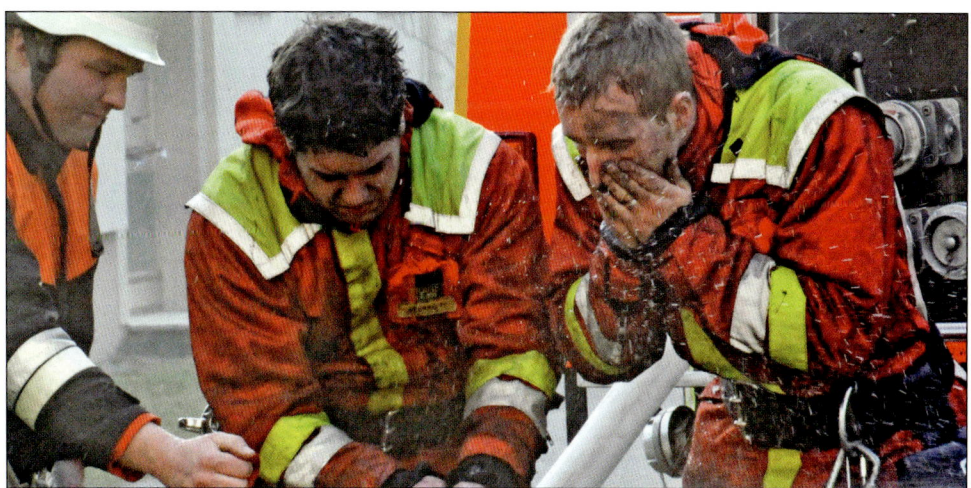

07.09.1974 Oberhaching, Landkreis München: Vermutlich Selbstentzündung im Heustock war die Ursache für den Großbrand auf einem Bauernhof in der Ortsmitte. Bei Ankunft der ersten Kräfte waren Scheune und Stallungen schon nicht mehr zu retten. Gemeinsam mit den Wehren aus Taufkirchen und Unterhaching gelang es immerhin, das Wohnhaus größtenteils zu erhalten. Zum Einsatz kamen drei B- und neun C-Rohre. Weit über hundert Schaulustige verfolgten die Arbeiten bis in die Nachtstunden hinein.

08.03.1975 Unterhaching (unten) und 20.04.1976 Hofolding, beide Landkreis München: Da in den 1970er-Jahren Mülltrennung und Abfallmanagement noch Fremdworte waren, mussten immer wieder Brände auf Müllkippen, meist ausgebeuteten Kiesgruben, abgelöscht werden. Dabei handelte es sich oft um hartnäckige Schwelbrände, die mehrstündige Einsätze erforderlich machten. Auch die Münchner Sammelstelle im Stadtteil Großlappen war für tagelange Brände bekannt, zu deren Bekämpfung auch die zahlreichen Löschgruppen der freiwilligen Feuerwehr ihren Beitrag leisteten.

16.05.1975 Feldkirchen, Landkreis München: Bei Rangierarbeiten war ein mit 80.000 Litern Heizöl beladener Kesselwaggon wohl aufgrund einer falsch gestellten Weiche entgleist und umgestürzt. Die zunächst alarmierten Wehren aus Feldkirchen und dem Nachbarort Haar stellten fest, dass der Tank unbeschädigt geblieben war und forderten die Rüstwagen von Ottobrunn und Unterhaching nach. Nach dreistündigen Umpumparbeiten unterstützte die Feuerwehr die Bahn noch beim Aufstellen des Waggons.

09.10.1976 B 13 bei Sauerlach, Landkreis München: Schaulustige Anwohner beobachteten die Rettungsarbeiten der Feuerwehr nach dem Frontalzusammenstoß zweier Pkw. Nach dem durch ein missglücktes Überholmanöver ausgelösten Unfall waren zwei der drei Insassen der Wracks schwer eingeklemmt. Neben der FF Taufkirchen rückte auch die Berufsfeuerwehr München (BF) von der erst kürzlich fertiggestellten Wache 9 mit einem Rüstwagen zur Überlandhilfe aus. Leider kamen die Bemühungen für zwei Personen zu spät.

26.03.1977 BAB A 99 bei Unterföhring, Landkreis München: Ein mit 24.000 Litern Traubensaft beladener Tanksattelzug war am Morgen von der Autobahn abgekommen und über eine Böschung gestürzt. Während der Auflieger am Hang liegen blieb, stürzte die Zugmaschine weiter ab und wurde vollkommen zertrümmert. Der Fahrer erlitt erhebliche Verletzungen. Neben den Feuerwehren Ismaning und Haar rückte auch die BF München mit einem Rüstzug und mehreren Sonderfahrzeugen aus. Die Umfüll- und Bergungsarbeiten mithilfe des Kranwagens KW 45 der BF zogen sich bis in den Nachmittag hinein.

07.05.1978 Haar, Landkreis München: Heftiger Gewitterregen hatte das Gelände eines Wanderzirkus unter Wasser gesetzt. Helfer in der Not war wiederum die Feuerwehr, die die Lage rasch so weit in den Griff bekam, dass die Nachmittagsvorstellung an diesem Sonntag nicht abgesagt werden musste. Zum Dank unterstützte der Elefant den Abbau der schweren Saugleitung …

01.01.1979 Hofstarring, Landkreis Erding: Katastrophe für das kleine Dorf im Norden des Landkreises! Eine verirrte Rakete hatte in der Silvesternacht den Gasthof „Groll" samt Landwirtschaft in Flammen gesetzt. Durch Funkenflug infolge des stürmischen Windes bildeten sich auch am benachbarten Kirchturm Brandnester. 800 junge Gäste einer Tanzveranstaltung im Saal konnten sich gerade noch ohne Panik in Sicherheit bringen. Zahlreiche Feuerwehren der Umgebung kämpften mehrere Stunden bei -18 Grad gegen das Inferno. Letztendlich konnte von den betroffenen Gebäuden allein die Kirche gerettet werden.

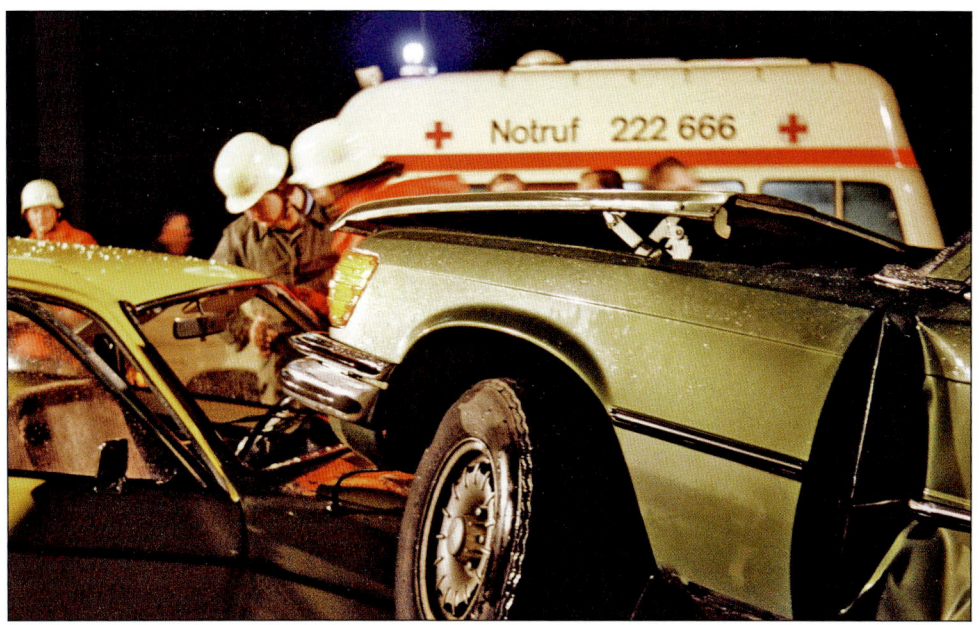

14.07.1979 B 12 bei Parsdorf, Landkreis Ebersberg: In einen schweren Unfall mit drei Fahrzeugen war an diesem Abend Nationaltorhüter Sepp Maier verwickelt, der auf der Heimfahrt nach Anzing war. Er und ein zweiter Beteiligter waren eingeklemmt und mussten von den Wehren Parsdorf und Feldkirchen aus den Wracks gerettet werden. Die vorsorglich nachgeforderten Kräfte aus Heimstetten und Haar wurden nicht mehr benötigt.

02.10.1980 Otterfing, Landkreis Miesbach: Ein landwirtschaftliches Anwesen mit Reitschule und Ponyzucht brannte in voller Ausdehnung. Wegen großer Mengen eingelagerten Heus entwickelte sich ein derart heftiges Feuer, dass das örtliche Hydrantennetz nicht ausreichte. Mit Tanklöschfahrzeugen musste im Rahmen eines sogenannten Pendelverkehrs Löschwasser zugebracht werden. 13 Wehren aus drei Landkreisen gelang es schließlich, das Wohnhaus zu sichern. Der Schaden lag bei 750.000 Mark. Alle Tiere konnten gerettet werden.

05.11.1981 München: ein dramatischer Einsatz in der Landeshauptstadt und ein Beispiel für die hohen Opferzahlen bei Verkehrsunfällen in den 1970er- und 1980er-Jahren. Zwei Pkw waren in der Landsberger Straße frontal miteinander kollidiert. Der beteiligte Opel Kadett war mit sechs Insassen besetzt. Fünf Personen kamen ums Leben. In der Presse wurde gemutmaßt, dass ein Brite nach einem Lokalbesuch versehentlich das Rechtsfahrgebot missachtet haben könnte.

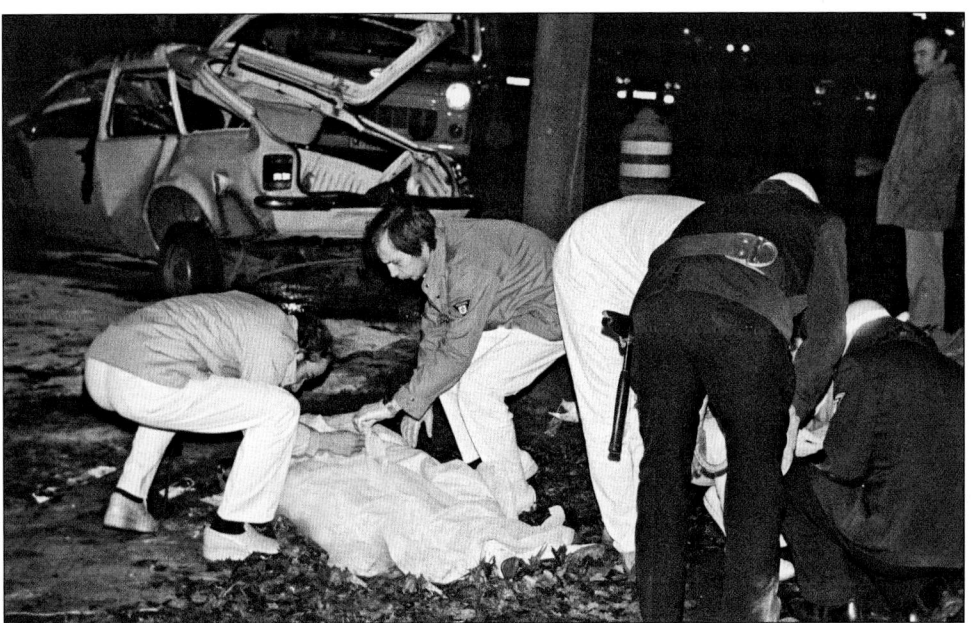

25.08.1982 Feldkirchen, Landkreis München: Die Anstrengung ist ihnen anzusehen – nach dem Großfeuer in einer Lackfabrik haben sich diese Atemschutzträger eine Pause verdient!

33 Wasser-, Schaum- und Pulverrohre waren nötig, um das Inferno unter Kontrolle zu bringen.

20.05.1982 Pullach, Landkreis München: verheerender Großbrand am Himmelfahrtstag im Chemiewerk der Firma Peroxid! Auf einer Fläche von rund 4.000 Quadratmetern brannten vier Lagerhallen und ein offenes Fasslager. Betroffen war vor allem die brandfördernde Chemikalie Wasserstoffperoxid. Explodierende Fässer gefährdeten die Einsatzkräfte von über 20 Wehren aus zwei Landkreisen inklusive mehrerer Werkfeuerwehren sowie starker Kräfte von Berufs- und Freiwilliger Feuerwehr München. Zwölf Personen wurden verletzt. Erst nach über zwei Stunden war das Feuer eingedämmt.

08.09.1982 Oberhaching, Landkreis München: Weil der Pkw-Fahrer hinter einer Kuppe gewendet hatte, bohrte sich ein entgegenkommendes Motorrad bis zur Hälfte in den Volvo. Die Feuerwehr musste den eingeklemmten Kradfahrer mithilfe der Rettungsschere befreien. Ein Hubschrauber brachte ihn ins Krankenhaus.

11.09.1982 Grasbrunn, Landkreis München: Aufgrund eines Motorschadens hatte der Pilot des Sportflugzeugs zu einer Notlandung auf einer Ortsverbindungsstraße angesetzt. Wegen mehrerer Radfahrer musste er den Versuch allerdings abbrechen und in einen

angrenzenden Kartoffelacker ausweichen, auf dem sich die Maschine überschlug und auf dem Dach liegen blieb. Lediglich einer der drei Insassen wurde leicht verletzt.

08.07.1983 Straßlach, Landkreis München: Ein VW-Pritschenwagen war von der Landstraße abgekommen und frontal gegen einen Baum geprallt. Von den beiden schwer verletzten Insassen war der Fahrer eingeklemmt. Nach Einsatz von Schere und Spreizer musste noch die Lenksäule mittels Seilwinde vom Patienten weggezogen werden, um den Mann freizubekommen.

06.03.1984 Höhenkirchen, Landkreis München: Großbrand am Faschingsdienstag! Der Mittelteil eines 200 Meter langen Hallenkomplexes brannte lichterloh. In dem von mehreren Kfz-Betrieben belegten Abschnitt waren unter anderem Lacke, Heizöl und Gasflaschen gelagert. Erst nach 90 Minuten gelang es sieben freiwilligen, einer Werk- sowie der Berufsfeuerwehr, die Flammen mit einem Werfer, drei B- und 14 C-Rohren unter Kontrolle zu bringen.

10.06.1984 Sauerlach, Landkreis München: nächtlicher Brand eines landwirtschaftlichen Lagerhauses in der Ortsmitte. Erst nach einer Stunde gelang es neun Wehren aus drei Landkreisen, eine weitere Ausbreitung zu verhindern und damit ein Kunstdüngerlager zu sichern. Sieben B- und 22 C-Rohre waren dafür notwendig.

15.03.1984 Oberhaching, Landkreis München: Am frühen Morgen brannte ein Wohnhaus in Holzbauweise in ganzer Ausdehnung. Die Ortsfeuerwehr konnte die Flammen zwar rasch mit sieben C-Rohren in den Griff bekommen, der einzige Bewohner wurde allerdings leblos im Treppenraum aufgefunden.

07.01.1985 Planegg und Stockdorf, Landkreise München und Starnberg: Anhaltender, strenger Dauerfrost mit Temperaturen bis -28 Grad ließen die Würm in mehreren Gemeinden zufrieren. Es drohten Eisstau und Überschwemmungen. Per Hand sowie mit einem Motorboot als Eisbrecher waren die Einsatzkräfte tagelang beschäftigt, das Wasser am Fließen zu halten. Ein Hubschrauber der Polizei führte Kontrollflüge durch.

18.01.1985 BAB A 9 bei Holzkirchen, Landkreis Miesbach: Massenkarambolage im Nebel! 32 Fahrzeuge, darunter sieben Lkw, waren miteinander kollidiert, 20 davon gerieten in Brand! Da das Feuer auch mithilfe eines TLF-Pendelverkehrs nicht gelöscht werden konnte, musste eine zwei Kilometer lange Schlauchleitung zur nächsten Raststätte gelegt werden. Die Einsatzleitung der acht beteiligten Wehren übernahm Kreisbrandrat Sepp Seemüller. Bilanz des Unfalls: 7 Tote und 17 Verletzte.

19.02.1985 Taufkirchen, Landkreis München: Eine 50 Meter lange, freistehende Scheune mit eingelagertem Heu und landwirtschaftlichen Geräten brannte auf ganzer Länge – wieder an einem Faschingsdienstag! Die Wehren aus Taufkirchen und dem benachbarten Unterhaching setzten bei den Löscharbeiten aufgrund der großen Wärmestrahlung auch Hitzeschutzhauben ein.

02.04.1985 Gerharding, Landkreis Ebersberg: Aufgrund eines großflächigen Kiesabrutschs war ein 90-Tonnen-Schwimmbagger in einem Baggersee umgekippt. Von den vier Arbeitern hatten sich nur drei in Sicherheit bringen können. In mehreren Tauchgängen gelang es nicht, den Vermissten zu finden, auch die spätere Bergung des Baggers mit zwei 400- und 300-Tonnen-Kränen brachte kein Ergebnis. Erst nach zwei Wochen konnte der in 15 Metern Tiefe verschüttete Körper geborgen werden.

23.11.1985 Ottobrunn, Landkreis München: Extreme Rauchentwicklung empfing die Einsatzkräfte beim Brand mehrerer Pkw in einer zweigeschossigen Tiefgarage. Mit Unterstützung der FF Neubiberg, der Werkfeuerwehr MBB und der BF München gelang es erst nach eineinhalb Stunden, das Feuer mit drei Rohren zu löschen. Dies ist ein Beispiel dafür, wie aufwendig seinerzeit derartige Ereignisse ohne heute selbstverständliche Wärmebildkameras und Lüfter bewältigt werden mussten. Die Ursache des Feuers war vermutlich Brandstiftung.

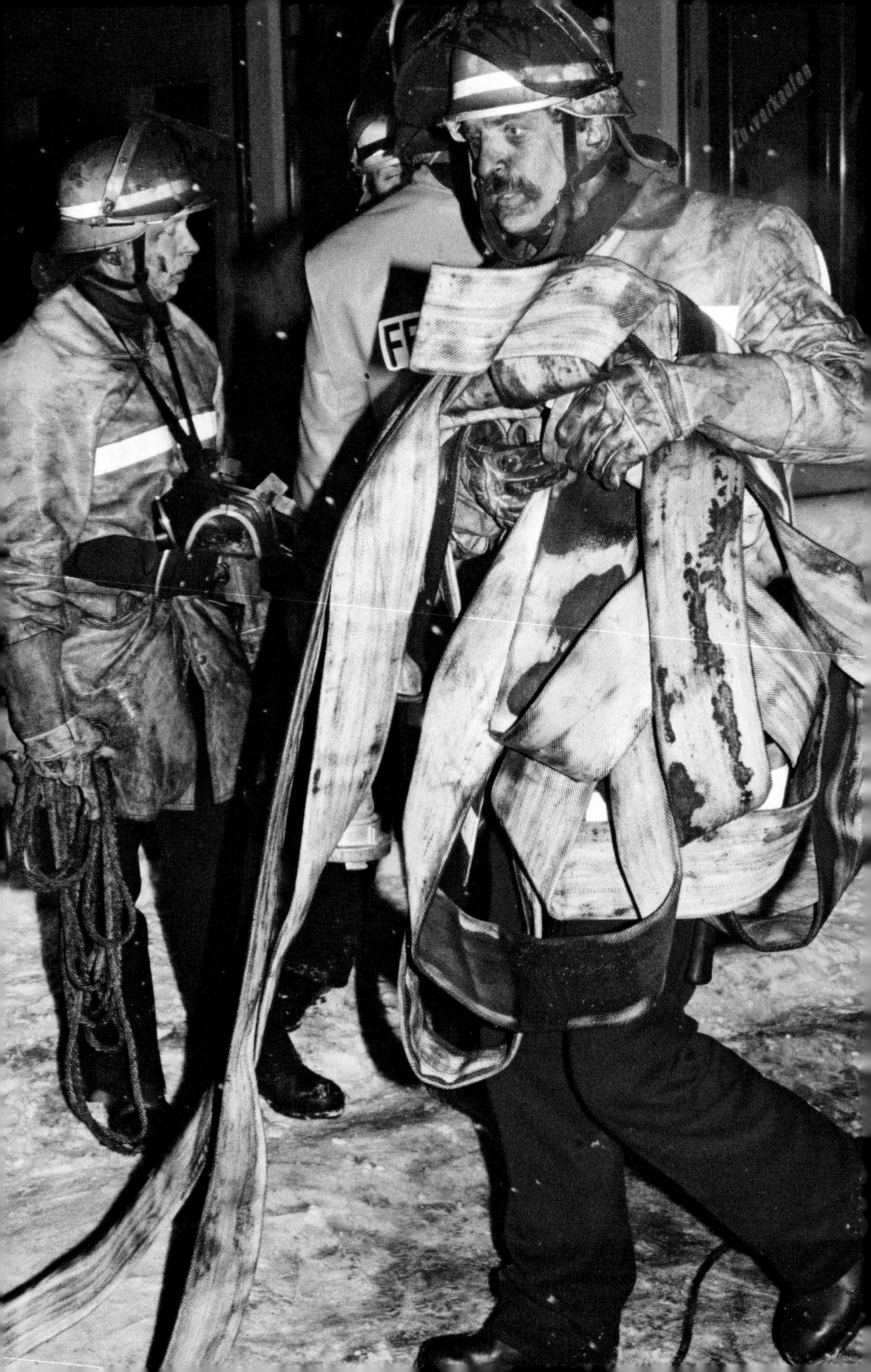

12.03.1987 Oberschleißheim, Landkreis München: Bei Ankunft wurde ein heftiges Feuer im 4. OG eines mehrgeschossigen, hundert Meter langen Lagerhauses vorgefunden. Zahlreiche Deckendurchbrüche in dem leer stehenden Gebäude sowie der große Brandumfang ließen einen Innenangriff nicht mehr zu. So mussten sich die sechs eingesetzten Feuerwehren auf den Schutz der Umgebung, darunter eine Tankstelle, beschränken. Im Laufe der Löscharbeiten stürzten Dachstuhl und sämtliche Zwischendecken unter starkem Funkenregen ein.

21.06.1986 Grasbrunn, Landkreis München: Eine Heustockerhitzung im kritischen Bereich erforderte den Einsatz eines Heuwehrgeräts der FF Harthausen. Mithilfe des Spezialgeräts und der dazugehörigen Lanzen kann Heißluft abgesaugt, Kaltluft zugeführt oder bei Vorhandensein eines Glutkerns Löschwasser eingebracht werden. Als Diagnosegerät dient eine Messsonde.

03.09.1987 Wartaweil, Landkreis Starnberg: 150 Meter vom Ostufer des Ammersees entfernt, war ein fünf Meter langes Motorboot beim Auslaufen leckgeschlagen. Das Boot sank innerhalb weniger Minuten; der Kapitän brachte sich mit seiner Schwimmweste in Sicherheit. Mit Unterstützung der Wasserwacht wurden Hebeballons der BF München an dem Havaristen angebracht und das Boot ans Ufer gezogen, wo die FF Diessen eine Lenzpumpe einsetzte.

23.05.1987 BAB A 9 bei Allershausen, Landkreis Freising: Auf einem drei Kilometer langen Streckenabschnitt waren 170 Pkw, acht Lkw, drei Busse und ein Motorradfahrer bei Regen miteinander kollidiert. Zwei Insassen waren eingeklemmt und mussten von der FF Allershausen befreit werden. Die BF München rückte mit zwei Großraumrettungswagen an. Die Massenkarambolage forderte zwei Tote und 84 Verletzte.

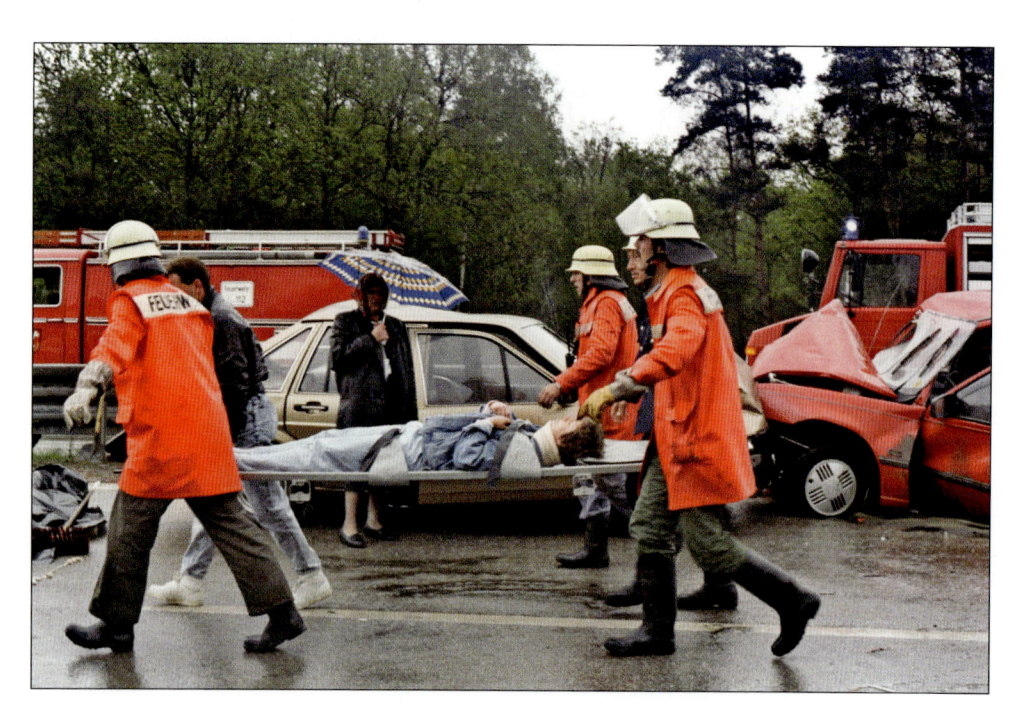

22.04.1988 Grünwald, Landkreis München: Ein vierjähriger Wallach war beim Ausritt durchgegangen, der Fahrer aus dem angehängten Sulky gestürzt. Das Pferd galoppierte geradewegs in eine Kanalbaustelle und stürzte kopfüber in den drei Meter tiefen Schacht, wo es zwischen Schalung und einem Betonring hängen blieb. Nach Betäubung des Tieres durch einen Veterinär konnte es leicht verletzt mit der Kraneinrichtung der Drehleiter gerettet werden.

09.09.1988 Harthausen, Landkreis München. Großbrand eines Bauernhofs in der Ortsmitte. Aufgrund des hohen Löschwasserbedarfs bekämpften schließlich acht Feuerwehren aus den Landkreisen München und Ebersberg sowie die Werkfeuerwehr MBB die Flammen mit einem Werfer und 21 Rohren. Nach gut eineinhalb Stunden meldete die Einsatzleitung: „Feuer aus".

19.02.1989 BAB A 8 bei Holzkirchen, Landkreis Miesbach: Auf einem Raststättenparkplatz war ein Reisebus, ausgehend von einem Motordefekt, vollkommen in Flammen aufgegangen. Da die Fahrgäste bereits ausgestiegen waren, konnten sich die Wehren aus Holzkirchen und Valley auf die Brandbekämpfung konzentrieren. Das Feuer wurde mit Wasser und Schaum gelöscht.

15.04.1989 Holzkirchen, Landkreis Miesbach: Ein von einem Lagerraum im 1. OG ausgehendes Feuer breitete sich auf den gesamten Dachbereich einer Squash- und Tennissportanlage aus. Der vorsätzlich gelegte Brand konnte erst nach 90 Minuten von zehn Feuerwehren mit insgesamt 15 Rohren unter Kontrolle gebracht werden.

11.06.1989 Oberhaching, Landkreis München: Der Wirt einer Waldgaststätte fand am frühen Morgen seine Haflingerstute „Heidi" im 1,50 Meter tiefen Wasser des Schwimmbeckens vor. Nach Abpumpen des Wassers gelang es der Ortsfeuerwehr, das Tier mithilfe eines Traktors unverletzt aus dem Becken zu heben.

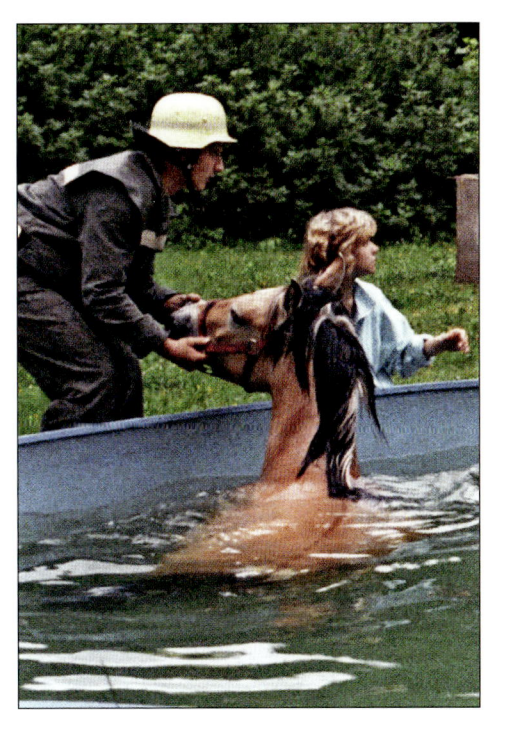

16.06.1989 BAB A 8 bei Unterhaching, Landkreis München: Ein Ford Sierra war auf eine beginnende Leitplanke geraten und in die Luft katapultiert worden. Nach zwei Aufschlägen auf der Autobahn stürzte der Wagen mit dem Dach auf die Leitplanke einer darunter verlaufenden Ortsverbindungsstraße. Der schwer, aber nicht lebensgefährlich verletzte Fahrer war trotz des dramatischen Unfallbildes nicht eingeklemmt und kam mit dem Hubschrauber in ein Krankenhaus.

04.09.1989 Hochbrück, Landkreis München: gewaltiges Feuer in einer über 120 Meter langen Lagerhalle. Das durch Brandstiftung entstandene Inferno erforderte den Einsatz von zwölf freiwilligen Feuerwehren, zwei Werkfeuerwehren sowie starken Kräften der BF München mit sieben Werfern und 28 Rohren. Zu Beginn der Brandbekämpfung gab es eine heftige Explosion, durch die zahlreiche Gerätschaften verschüttet wurden. Möglicherweise handelte es sich dabei um das seltene Phänomen einer Rauchgasexplosion.

07. 11. 1989 BAB A 99 bei Vaterstetten, Landkreis Ebersberg: dramatischer Anblick bei der Einfahrt zu einer Raststätte. Beim Aufprall auf den Fahrbahnteiler hatte sich die Leitplanke durch das Fahrzeug gebohrt. Nachdem die eingeklemmte Lenkerin mit Schere, Spreizer und Schneidbrenner nach 30 Minuten freigelegt worden war, konnte die Frau selbst aus dem Wrack aussteigen und sich auf die bereitstehende Trage legen. Der Rettungshubschrauber flog leer wieder zurück.

08.04.1990 Hochbrück, Landkreis München: Nach nur einem halben Jahr gab es einen erneuten Großbrand im selben Gewerbegebiet. Ein 8.000 Quadratmeter großer Lagerkomplex mit mehreren Firmen stand in Flammen. Gelagert waren unter anderem Gasflaschen, Farben, Spraydosen und Möbel. Eine starke Explosion ließ nach über zwei Stunden eine Außenwand auf 30 Meter einstürzen, Flammen schossen über zehn Meter waagrecht ins Freie. Erst fünf Stunden nach Einsatzbeginn war der Brand unter Kontrolle.

15. 12. 1990 Gräfelfing, Landkreis München: heftiges Feuer im 60 Meter langen Produktionsgebäude einer Ladenbaufirma. Die Ortswehr musste ihre Weihnachtsfeier abbrechen und forderte wenig später Verstärkung durch die FF Planegg an. Aufgrund des Brandumfangs und der Holzbauweise gelang es nicht mehr, die Flammen in den Griff zu bekommen. Man musste sich auf den Schutz eines großen Nachbargebäudes beschränken. Die Brandursache war vermutlich ein defekter Ölofen.

10.07.1991 Dornach, Landkreis München: Nahe der Stadtgrenze zur Landeshauptstadt brach ein Feuer in einer Lagerhalle mit Schlafzimmermöbeln aus. Mit dem Einsatz von 33 Rohren und Werfern gelang es sieben freiwilligen Feuerwehren und drei Löschzügen der BF zwar, eine weitere Ausbreitung auf einen angrenzenden Hallentrakt und das Bürogebäude zu verhindern; in letzterem bildeten sich allerdings aufgrund der großen Hitze zahlreiche Risse in Böden und Decken. Der Schaden lag bei fünf Millionen Mark.

23.07.1991 Potzham, Landkreis München: Bei Arbeiten an einer benachbarten Baugrube war die komplette Giebelwand des zweigeschossigen Wohngebäudes abgerutscht. Trümmer verschütteten zwei Arbeiter teils bis zum Hals. Während der Rettungsarbeiten bestand höchste Gefahr, dass das jetzt weit überhängende Dach inklusive Restgebäude ebenfalls zusammenbricht. Innerhalb kurzer Zeit gelang es, beide Verletzte per Hand zu befreien.

12.09.1991 Unterhaching, Landkreis München: Durch abrutschenden Kies war ein Arbeiter in einem Werksgelände bis zum Bauch verschüttet und gegen die Wand eines Betriebsgebäudes gedrückt worden. Äußerst vorsichtig mit Händen und Schaufeln konnte der nur leicht verletzte Mann nach 45 Minuten befreit werden.

23.12.1991 BAB A 8 Höhe Brunnthal-Dreieck, Landkreis München: Ein lichterloh brennender Pkw bereitete der Feuerwehr Taufkirchen Probleme. Teile des Motors aus Leichtmetall, die sich gelöst hatten und auf der Fahrbahndecke brannten, reagierten äußerst aggressiv auf den Löschschaum. Erst mit Sand konnte dieses Feuer gelöscht werden.

03.08.1992 Gronsdorf, Landkreis München: Brand eines mehrgeschossigen Quetschwerks im Betriebsgelände einer Kiesgrube. Da die Löschwasserversorgung hier völlig unzureichend war, mussten erst mehrere Förderleitungen zu einem 800 Meter entfernten Baggersee gelegt werden, um die Brandbekämpfung effektiv aufnehmen zu können. Fünf freiwillige Wehren plus Berufsfeuerwehr hatten die Lage nach einer Stunde unter Kontrolle.

24.05.1993 BAB A 99 bei Neuherberg, Landkreis München: Nach einem Auffahrunfall war ein mit 11.400 Liter Diesel beladener Tankwagen umgestürzt und leckgeschlagen. Ein Versuch, den 30 Zentimeter langen Riss mit Keilen abzudichten, misslang. So wurde der Havarist mithilfe des Rüstwagens so weit angehoben, dass ein Auffangbehälter unter dem Leck platziert werden konnte. Eingesetzt waren drei Landkreisfeuerwehren und ein Rüstzug der BF München.

11.07.1993 Kreisstadt Bad Tölz: Das 1476 erbaute, ehemalige Rathaus der Kreisstadt wurde in dieser regnerischen Sommernacht durch einen Großbrand schwer beschädigt. Das im Erdgeschoss gelegte Feuer breitete sich über das hölzerne Treppenhaus rasch in die oberen Etagen aus. Der Einsatz von drei B- und elf C-Rohren verhinderte ein Übergreifen auf Nachbargebäude.

21.12.1993 Feldkirchen, Landkreis München: Bei Verladearbeiten war ein zweiachsiger Mobilkran umgestürzt und der Maschinenführer in seiner Kabine eingeklemmt worden. Es gelang, den Mann nach nur 35 Minuten mit Spreizer, Schere und Hebekissen zu befreien. Seine Verletzungen waren derart minimal, dass er bereits am nächsten Tag in einer Fernsehsendung auftreten konnte.

19.10.1993 Feldkirchen, Landkreis München: Ein Sattelzug hatte einen VW Golf gegen die Ampel gedrückt und förmlich unter sich begraben. Trotz der enormen Deformierung des Pkw fand man den Fahrer bei vollem Bewusstsein vor. Nachdem das Wrack stabilisiert und der Lkw mit dem 50-Tonnen-Kran der BF gesichert worden war, konnte der Verletzte durch Abtrennen des Fahrzeugdachs nach einer Stunde befreit werden.

15.02.1994 Kaps, Landkreis München: Offenbar seine Prärieerfahrung überschätzt hatte ein Trapper am Faschingsdienstag bei einem Ausritt mit seinem Wallach „Royal Son". Mitten im Wald versumpfte er mit dem Tier bei Einbruch der Dunkelheit und -8 Grad Kälte. Da er erst nach längerer Zeit Hilfe holte, dauerte es insgesamt drei Stunden, bis das Tier auf eine Plastikplane gebettet und mittels Traktorenwinde auf festen Boden gezogen werden konnte.

19.12.1994 Großhelfendorf, Landkreis München: Im Dachgeschoss eines Landgasthofs hatte sich ein intensives Feuer entwickelt, das in kurzer Zeit den gesamten Dachstuhl erfasste. Ein Angestellter musste mit der Leiter vom Balkon gerettet werden. Weil ein Innenangriff nicht mehr möglich war und von außen unter anderem mit Wasserwerfern gelöscht werden musste, saugten sich die Fehlbodendecken voll und drohten einzustürzen. Letztlich war das Feuer nach zwei Stunden zwar unter Kontrolle, dennoch war das Brandobjekt ein Totalverlust.

10.08.1995 Hofolding, Landkreis München: Die Alarmmeldung lautete: „Brennt Pkw". Was die Einsatzkräfte erwartete, war jedoch ein anderes Szenario. Die 35 Meter lange Halle eines Busunternehmens brannte mit mehreren darin befindlichen sowie davor abgestellten Fahrzeugen. Brennend austretender Kraftstoff floss über den Hof. Probleme bereiteten ferner die Hallentore, die sich nicht mehr automatisch öffnen ließen. Zwei Wasserwerfer und 21 Schaum- und Wasserrohre brachten das nächtliche Großfeuer nach 90 Minuten unter Kontrolle.

11.05.1995 Olching, Landkreis Fürstenfeldbruck: Ein Güterzug war versehentlich auf ein Abstellgleis geleitet worden, auf dem er am Ende einen Prellbock durchbrach. Lok und acht Waggons entgleisten und stürzten teilweise über eine Böschung. Der Lokführer wurde bei dem Unglück verletzt. Die Arbeiten der fünf alarmierten Feuerwehren beschränkten sich auf die Sicherung eines Waggons mit Gefahrgut, Ausleuchtung und die Aufnahme des aus der Lok ausgelaufenen Öls.

26.08.1995 Aiterndorf, Landkreis Ebersberg: Der vierjährige Hengst „Beppi" war beim Ausritt ins Moos in einen Quellenarm der Attel gerutscht und konnte sich aus dem ein Meter tiefen Graben nicht mehr selbst befreien. Nach Ruhigstellung durch einen Tierarzt konnte das Pferd mithilfe der Drehleiter aus seiner misslichen Lage befreit werden. Des leidigen Hebegeschirrs entledigte sich „Beppi" anschließend auf unkonventionelle Weise.

14.10.1995 Kreisstadt Rosenheim: Ein Feuer im Erdgeschoss eines 160 Meter langen Firmenkomplexes war zunächst rasch gelöscht. Durch Öffnen einer Tür im 1.OG kam es allerdings schlagartig zur Durchzündung, einem sogenannten Flashover, sodass der 40 Meter lange Trakt, in dem unter anderem eine Bootsbaufirma untergebracht war, rasch in ganzer Ausdehnung brannte. Der Einsatz von 17 Rohren und intakte Brandwände verhinderten eine Ausbreitung zu beiden Seiten.

09.03.1996 BAB A 93 bei Reischenhart, Landkreis Rosenheim: Ein mit 57 Personen besetzter Reisebus hatte eine Leitplanke durchbrochen und war nach einem Überschlag seitlich zwischen zwei Brücken liegen geblieben. Die eingeschlossenen Fahrgäste konnten innerhalb von 30 Minuten über Steckleitern sowie eine Drehleiter gerettet werden. Zum Abtransport der 38 Verletzten wurden bis zu acht Hubschrauber eingesetzt. Ein Fahrgast kam bei dem Unfall ums Leben.

19. 10. 1996 Warngau, Landkreis Miesbach: Großübung mutiert zu Großbrand! Weil eine für das Übungsszenario in einem Recyclingbetrieb verwendete Rauchpatrone Lagergut entzündete, kam es zu einem heftigen Feuer in einer Halle mit Kunststoffabfällen, Kartonagen und Altpapier. 25 von der BF München mit Sonderfahrzeugen unterstützte Feuerwehren brachten das 2,6-Millionen-DM-Schadenfeuer erst nach zweieinhalb Stunden unter Kontrolle.

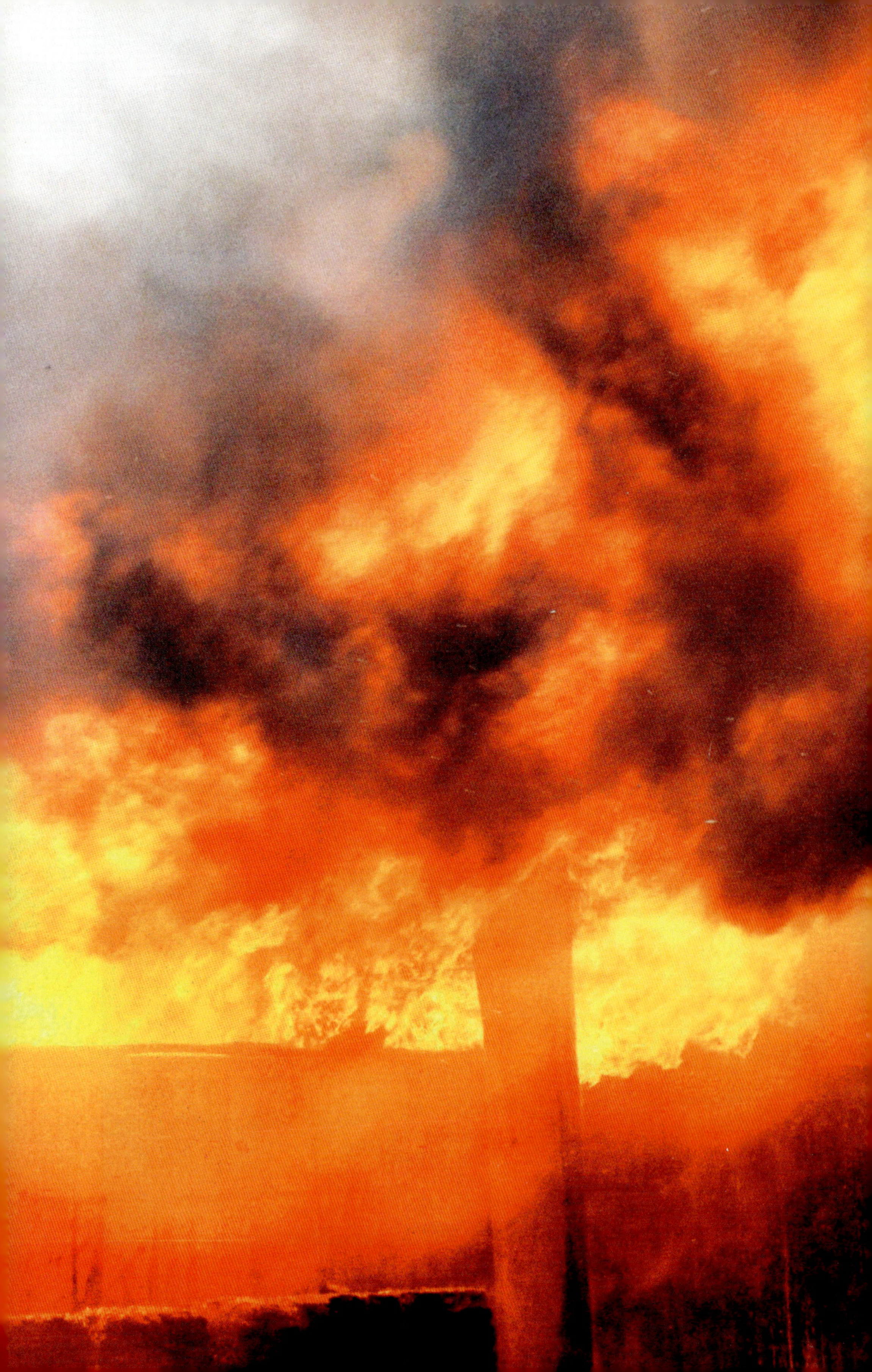

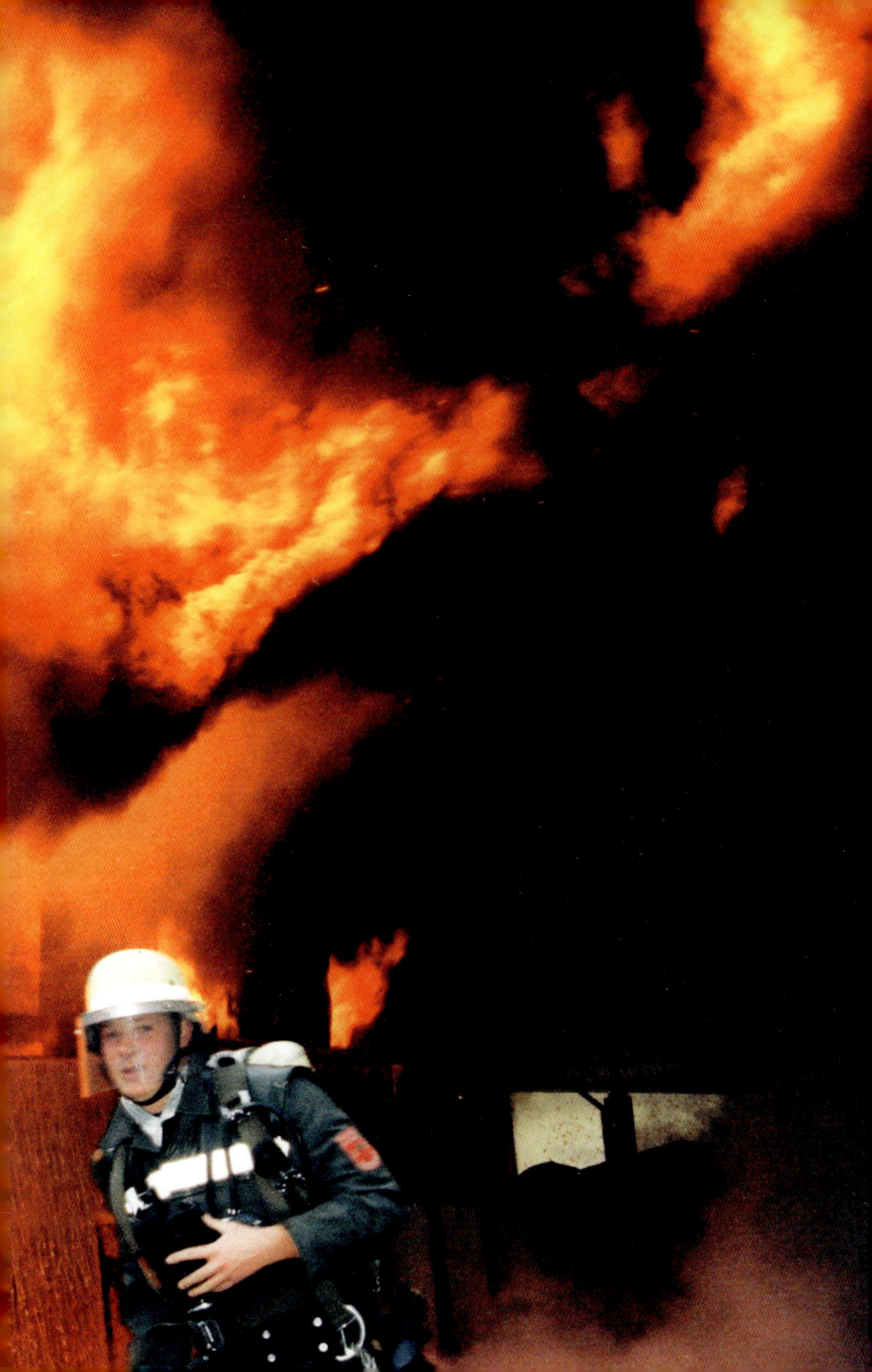

19.06.1996 BAB A 8 bei Hofolding, Landkreis München: nächtlicher Unfall mit einem Gefahrguttransporter. Weil aufgrund der Ladepapiere das äußerst giftige Natriumcyanid an Bord vermutet wurde, wurden insgesamt fünf Feuerwehren unter anderem mit Chemikalienschutzanzügen alarmiert. Bei der Bergung der Ladung stellte sich dann glücklicherweise heraus, dass es sich um die ähnlich klingende, aber deutlich weniger problematische Substanz Natriumcyanat handelte. Der Einsatz dauerte neun Stunden.

18.01.1997 Karlsfeld, Landkreis Dachau: Spaziergänger hatten Autospuren auf der Eisfläche des Karlsfelder Sees bemerkt, die in einem mittlerweile fast wieder zugefrorenem Loch endeten. Feuerwehrtaucher fanden einen Ford Sierra in fünf Metern Tiefe auf dem Dach liegend. Zur Bergung des Fahrzeugs aus dem Eis kamen unter anderem Kettensägen zum Einsatz. Später stellte sich heraus, dass der gestohlene Pkw nach einer Schleuderfahrt auf dem See bewusst versenkt worden war.

05.05.1997 Harthausen, Landkreis München: Drei Hektar Jungwald gingen an diesem warmen Frühlingsnachmittag in Flammen auf. Aufgrund des hohen Löschwasserbedarfs beteiligten sich letztendlich neun Feuerwehren aus den Landkreisen München und Ebersberg an den vierstündigen Löscharbeiten. Ein B- und 20 C-Rohre kamen zum Einsatz.

23.09.1997 Eching, Landkreis Freising: Eine heiße Nacht bereitete ein Brandstifter den Feuerwehren der Umgebung. Innerhalb von drei Stunden legte er vier Mal in landwirtschaftlichen Gebäuden Feuer, wovon sich drei zu Großbränden entwickelten. Acht Wehren aus den Landkreisen Freising und München, darunter die Werkfeuerwehr der Technischen Universität in Garching, waren stundenlang im Einsatz. Der Täter konnte nach einer weiteren Brandstiftung drei Monate später gefasst werden, weil er auf der Flucht vor der Polizei seine Jacke mit Ausweis am Brandort vergessen hatte.

10.02.1998 Neubiberg, Landkreis München: Bei Dacharbeiten mit einem Propanbrenner war ein heftiges Feuer entstanden, das nahezu den gesamten Dachstuhl eines Mehrfamilienhauses einäscherte. Etwa 250 Einsatzkräfte aus dem Landkreis und der Stadt München kämpften sieben Stunden lang gegen das Feuer, wobei auch große Mengen Hausrat mithilfe eines Krans ausgeräumt werden mussten. Zur Unterstützung der Nachlöscharbeiten wurde ein Polizeihubschrauber mit Wärmebildkamera eingesetzt.

16.02.1998 Weißach, Landkreis Miesbach: Ein verheerendes Feuer zerstörte in den Morgenstunden eine komplette Tennisanlage mit Gaststätte und Wohnhaus. In der Anfangsphase wurde ein Angriffstrupp im Gaststättenbereich von einer schlagartigen Durchzündung überrascht und konnte sich Dank neuer Schutzkleidung mit leichten Verletzungen und Schock entlang der Schlauchleitung ins Freie retten. Der Großbrand war erst nach sechs Stunden eingedämmt, nachdem ein Bagger das Blechdach von Wohnhaus und Gaststätte entfernt hatte.

21.06.1998 Unterhaching, Landkreis München: Die zweijährige Lucie war beim Radfahren im elterlichen Garten mit dem Fuß abgerutscht und zwischen Rahmen und Pedal geraten. Die Ortsfeuerwehr konnte sie nach mehreren Versuchen mit unterschiedlichen Gerätschaften innerhalb von 20 Minuten befreien. Nach einem kühlenden Fußbad war Lucie dann bald wieder guter Dinge.

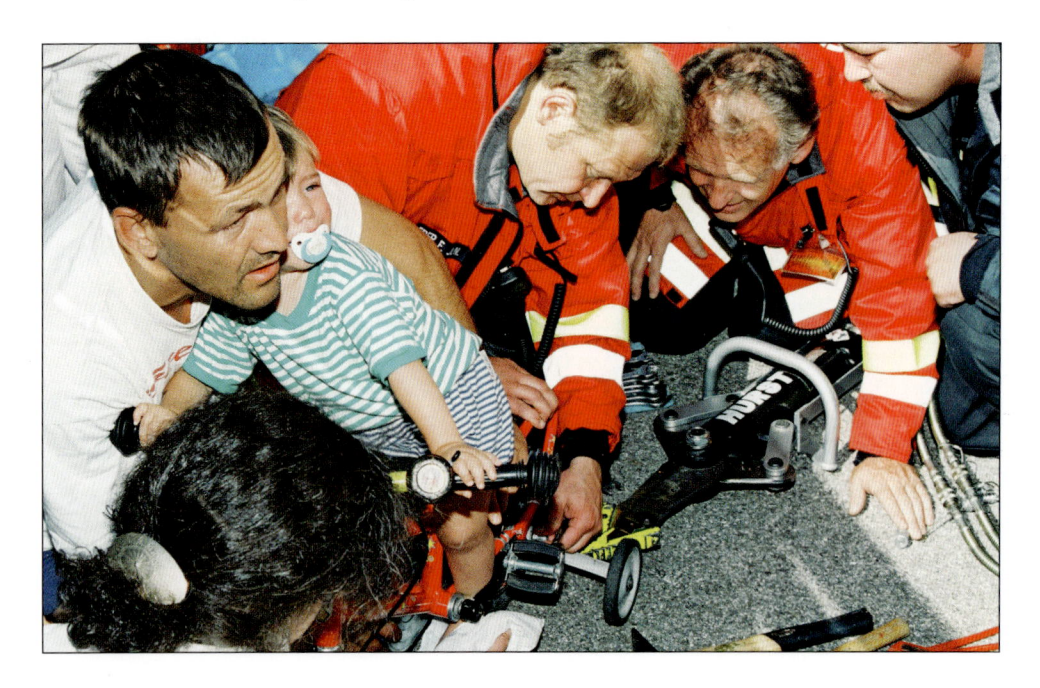

12.08.1998 Ottobrunn, Landkreis München: ausgedehnter Küchenbrand im Keller eines Hotels. Angesichts der hohen sommerlichen Temperaturen um 32 Grad stellte der Einsatz unter Atemschutz eine erhebliche Belastung für die Einsatzkräfte dar. Ein PA-Träger musste ambulant vom Rettungsdienst versorgt werden.

01. 12. 1998 BAB A 99 bei Neuherberg, Landkreis München: Beim Auffahrunfall mehrerer Fahrzeuge wurde ein Lkw-Lenker im Führerhaus eingeklemmt. In Zusammenarbeit von Berufs- und freiwilliger Feuerwehr konnte der Verletzte nach Einsatz von Spreizer und Schere sowie Strecken der Kabine mittels Seilwinde befreit werden.

24. 12. 1998 Forst Kasten, Landkreis München: Einen fast siebenstündigen Einsatz gab's als „Bescherung" für die Feuerwehr an diesem Heiligabend. Ausgehend von einer Personalwohnung war der Dachstuhl einer Ausflugsgaststätte in Brand geraten. Löschwasserknappheit begünstigte eine rasche Brandausbreitung. Ein Schlauchwagen der BF musste eine ein Kilometer lange Förderleitung legen, bevor das Feuer über Drehleitern und mit insgesamt 13 Rohren unter Kontrolle gebracht werden konnte.

03.02.1999 Ismaning, Landkreis München: gefährliche Situation beim Brand eines abgelegenen Bauernhofs. Noch in der Anfangsphase der Brandbekämpfung stürzte ein 20 Meter langes Teilstück der Außenmauer samt einem Vordach in den Hof. Aufgrund des niedergedrückten Rauchs bei nebligem Wetter war eine Einschätzung der Gefahrensituation schwierig. Glücklicherweise gab es keine Verletzten. Das vermutlich durch Brandstiftung entstandene Feuer richtete nach ersten Schätzungen einen Schaden von drei Millionen Mark an.

16.07.1999 B 12 bei Forstinning, Landkreis Ebersberg: Ein mit 24.000 Flaschen Weißbier und alkoholfreien Getränken beladener Lastzug war auf einen Unimog der Straßenmeisterei aufgefahren und anschließend gegen eine Brücke geprallt. Der Unfallverursacher blieb unverletzt, der Unimog war glücklicherweise unbesetzt. Die vom Technischen Hilfswerk (THW) unterstützten Bergungsarbeiten dauerten fünf Stunden.

11.08.1999 Zorneding, Landkreis Ebersberg: Platt gemacht wurde dieser VW Golf von einem mit Schrott beladenen Container, der von einem Lastzug gestürzt war. Nach Stabilisierung des Behälters mittels Hebekissen wurde die Lenksäule durch Spreizereinsatz gezogen und der nahezu unverletzte Fahrer konnte sich selbst aus dem Wrack hangeln. Er kam zur Abklärung in ein Krankenhaus.

21. 10. 1999 Gauting, Landkreis Starnberg: Zunächst drang nur geringer Rauch aus dem Flachdach eines dreigeschossigen Wohnblocks. In kurzer Zeit breitete sich das Feuer dann aber auf die gesamte Dachfläche aus. Versuche, die Flammen durch Aufschneiden der Konstruktion und die Verwendung von sechs C-Rohren unter Kontrolle zu bekommen, schlugen fehl. Erst der Einsatz dreier Mittelschaumrohre brachten nach über zwei Stunden die erlösende Meldung: „Feuer aus".

22.12.1999 Warngau, Landkreis Miesbach: Nach dem Zusammenstoß mit einem Sattelzug auf einem unbeschrankten Bahnübergang landete die Diesellok inmitten des angrenzenden Waldes. Glücklicherweise befand sich die Lok an der Zugspitze und konnte die größte Wucht abfangen. Neben dem Lkw-Fahrer erlitten zwei Fahrgäste Verletzungen. Die Feuerwehren Warngau, Schaftlach und Holzkirchen mussten größere Mengen Öl aufnehmen.

10.01.2000 BAB A 99 bei Grasbrunn, Landkreis München: Ein mit 33.000 Litern Heizöl beladener Tanklastzug war von der Fahrbahn abgekommen und umgestürzt. Über undichte Domdeckel sowie eine aufgerissene Kammerwand liefen mehrere Tausend Liter aus und versickerten teilweise in einer Wiese. Der Rest konnte in stundenlanger Arbeit umgepumpt werden.

17.02.2000 Siegertsbrunn, Landkreis München: Ein aus Holz errichteter, frei stehender Hühnerstall brannte am Morgen unter weithin sichtbarer Rauchentwicklung. Zwar konnte ein Übergreifen der Flammen auf angrenzende Nebengebäude verhindert werden, von den 800 Tieren im Stall konnten jedoch nur etwa 50 gerettet werden. Diese galt es im Anschluss an die Brandbekämpfung noch einzufangen. Brandursache war vermutlich ein Kurzschluss.

25.03.2000 Baierbrunn, Landkreis München: ein ungewöhnlicher Stromunfall: Nach dem Abkippen seiner Kiesladung hatte die Ladebrücke eines Lkw eine 110.000-Volt-Überlandleitung berührt. Der Fahrer blieb unverletzt. Weil sich die brennenden Reifen der hinteren Doppelachse weder mit Wasser noch mit Schaum löschen ließen, wurde der Sattelzug bewegt und es stellte sich heraus, dass durch den Stromschlag eine 1,20 Meter tief im Boden verlegte Gasleitung beschädigt worden war. Nach deren Abschiebern erlosch das Feuer von selbst.

29.06.2000 Haar, Landkreis München: Ein Brand im Papierlager im Obergeschoss eines Firmengebäudes weitete sich zum Großfeuer aus. Die sieben eingesetzten Feuerwehren gingen unter anderem über drei Drehleitern und zwei Gelenkmasten gegen die Flammen vor und hatten sie nach knapp zwei Stunden unter Kontrolle gebracht. Weil sich das auf dutzenden Paletten gestapelte Papier mit Löschwasser vollgesaugt hatte, bestand zeitweise Einsturzgefahr.

14.11.2000 Holzkirchen, Landkreis Miesbach: nächtlicher Großbrand eines Supermarkts. Nachdem der Brandherd zunächst im Ladenbereich lokalisiert worden war, breitete sich das Feuer plötzlich auf die Leichtbaukonstruktion des Daches aus. Daraufhin veranlasste der Einsatzleiter einen sofortigen Rückzug aus dem Gebäude. Eine Stunde nach Alarmierung stürzte das Dach unter enormem Funkenregen ins Marktinnere. Erst nach sechs Stunden war das Feuer gelöscht.

02.08.2001 Landsham, Landkreis Ebersberg: Bei Entladearbeiten war ein Lkw abgerutscht und in einen Baggersee gestürzt. Der Fahrer hatte sich noch rechtzeitig in Sicherheit bringen können. Die unterstützende FF Unterschleißheim aus dem Landkreis München legte eine Ölsperre und brachte mit ihren Tauchern Hebebänder an dem Dreiachser an, bevor der Lkw von einem privaten Bergekran aus dem Gewässer gehoben werden konnte.

09.08.2002 Glonn, Landkreis Ebersberg: Nach sintflutartigen Regenfällen musste in der Nacht Katastrophenalarm in dem östlich von München gelegenen Landkreis ausgelöst werden. Ganze Siedlungen wurden von den über die Ufer tretenden Bächen teils meterhoch überschwemmt. Vereinzelt bildeten sich Hangrutsche und Muren. Während der K-Alarm nach drei Tagen aufgehoben werden konnte, waren die Feuerwehren eine ganze Woche mit Abpumparbeiten beschäftigt.

16.10.2002 Vaterstetten, Landkreis Ebersberg: Ein Brandstifter hatte eine landwirtschaftliche Halle mit gelagerten Mais- und Strohvorräten in Flammen aufgehen lassen. Auch waren in dem Gebäude 26 Pferde eingestellt, von denen fünf nicht mehr gerettet werden konnten. Nur dank des massiven Einsatzes von acht Feuerwehren aus zwei Landkreisen gelang es, eine benachbarte Halle zu halten. Der Verursacher wurde 2005 wegen mehreren Brandlegungen zu zehn Jahren Haft verurteilt.

15.12.2002 Taufkirchen, Landkreis München: Ein Wohnungsbrand im 5. OG mit starker Rauchentwicklung gefährdete die Mieter der darüberliegenden Etagen. Von beiden Gebäudeseiten konnten die Feuerwehren Taufkirchen und Unterhaching mehrere Bewohner retten, darunter eine Frau mit ihrem Kind. Nach einer halben Stunde war der Brand gelöscht. Es stellte sich heraus, dass Styropor-Deckenplatten die rasche Brandausbreitung gefördert hatten.

18. 12. 2002 B 304 bei Karlsfeld, Landkreis Dachau: Nur 200 Meter nach Verlassen einer Baustelle war für einen 40-Tonnen-Mobilkran die Fahrt schon wieder zu Ende. Der Fahrer hatte vergessen, den Kranausleger einzufahren. Der Mann musste aus seiner Kabine über die Drehleiter in fünf Metern Höhe gerettet werden. Die Bergungsarbeiten dauerten mehrere Stunden.

18.01.2003 Unterschleißheim, Landkreis München: Ein Rettungswagen mit Patientin war unterwegs ins Krankenhaus, als er auf der B 13 in Brand geriet. Alle Insassen konnten sich rechtzeitig in Sicherheit bringen. Als der Angriffstrupp der Ortsfeuerwehr gerade aus einigem Abstand – das Vorhandensein von Gasflaschen war bekannt – die Brandbekämpfung einleiten wollte, explodierte eine 10-Kilogramm-Sauerstoffflasche, sodass das Fahrzeugdach abgerissen und zwölf Meter weit weggeschleudert wurde. Ein Feuerwehrmann erlitt leichte Verletzungen. Anschließend konnte der Brand rasch gelöscht werden.

14.05.2004 Kreisstadt Erding: Großbrand in einem Kieswerk, verursacht durch Schweißarbeiten. Wegen brennender Gummiauflagen der Förderbänder entwickelte sich eine extreme, weithin sichtbare Rauchwolke. Da der Innenangriff aus Sicherheitsgründen abgebrochen werden musste, dauerte es fast drei Stunden, bis der Brand mit Wasserwerfern und über vier Drehleitern schließlich gelöscht war. Acht Wehren, darunter zwei Flughafenfeuerwehren mit Sonderfahrzeugen, beteiligten sich an dem Löscheinsatz.

23.05.2004 Berg, Landkreis Starnberg: Offenbar aufgrund eines Maschinendefekts hatte der 53 Meter lange Katamaran „Starnberg" auf dem gleichnamigen See einen Badesteg und eine Ufermauer gerammt. Feuerwehr, Rettungsdienst und Wasserwacht evakuierten das Schiff in einstündiger Aktion über einen auf dem Ufer aufliegenden Schwimmkörper. Von den 141 Fahrgästen erlitten 22 meist leichtere Verletzungen.

11.06.2004 BAB A 99 in der Raststätte Vaterstetten West, Landkreis Ebersberg: Kollision eines Sattelzuges mit einem geparkten Tanklastzug. Der mit 15.600 Litern Benzin beladene Anhänger stürzte um und schlug leck. Während ein Teil der Einsatzkräfte den eingeklemmten Unfallverursacher befreien musste, galt es, auslaufenden Kraftstoff aufzufangen sowie die restliche Ladung umzupumpen. Die Arbeiten wurden teilweise in Hitzeschutzausrüstung mit Schaum-, Pulver- und Wasserrohren abgesichert.

23.08.2005 Eschenlohe, Landkreis Garmisch-Partenkirchen: Vier Landkreise aus dem Münchner Umland stellten Kontingente zusammen, um bei einer Hochwasserkatastrophe Hilfe zu leisten. Im Rahmen dieses Einsatzes kam es zu einem Brand in einem eingeschlossenen Ortsteil von Eschenlohe. Mit Bundeswehrhubschraubern wurden Gerät und Löschkräfte eingeflogen, die die Lage rasch im Griff hatten. Aufgrund des stark steigenden Pegels der Isar waren in den Folgetagen auch im Münchner Stadtgebiet zahlreiche Keller auszupumpen.

19.11.2005 Hohenlinden, Landkreis Ebersberg: Brandobjekt war in diesem Fall eine ehemalige Mühle. Die massiven Holzdecken boten dem Feuer reichlich Nahrung, es entwickelte sich eine extreme Rauchwolke. Unkonventionell beteiligte sich die Polizei am Einsatz, indem Beamte über die Drehleiter versuchten, mehrere Fenster einzuschießen und so den Rauchabzug zu beschleunigen. Die Aktion scheitere, da es sich um Drahtglasscheiben handelte. Erst als das Dach nach einer Stunde durchgebrannt war, war die Wucht des Feuers gebrochen. Zehn Feuerwehren aus drei Landkreisen setzten zwölf Werfer und Rohre ein.

10.12.2005 Münchsmünster, Landkreis Pfaffenhofen: In einem petrochemischen Betrieb hatte sich eine heftige Explosion ereignet, die ein Fahrzeug der Werkfeuerwehr zerstörte und einen Feuerwehrmann das Leben kostete. Eine mehrgeschossige Produktionsanlage brannte infolge der Explosion in ganzer Ausdehnung. Das austretende Hexan ließ die Einsatzleitung kontrolliert abbrennen. Weil zur Kühlung der Umgebung viel Wasser benötigt wurde, zog man auch Schlauchwagen von Berufs- und Freiwilliger Feuerwehr München sowie von Wehren des Landkreises München hinzu.

08.–17.02.2006 mehrere Landkreise Ostbayern/Bayerischer Wald: Tagelange Schneefälle, die die ohnehin bereits vorhandenen Schneemassen noch verstärkten, führten zu einer Katastrophenlage. Mehrere Dächer stürzten unter der Last ein, zahllose andere waren gefährdet. Obwohl auch die Feuerwehren in Südbayern alle Hände voll zu tun hatten, wurden in München und mehreren Landkreisen Konvois zusammengestellt, deren Besatzungen die niederbayerischen Kameraden über eine Woche lang unterstützten. Insgesamt rund 32.000 Feuerwehrkräfte arbeiteten dort an der Belastungsgrenze.

30.03.2006 Taufkirchen, Landkreis München: In einer Werkstatt war nach Betriebsschluss Feuer ausgebrochen. Nachdem ein Rolltor mittels Trennschleifer aufgeschnitten worden war, näherte sich ein Atemschutztrupp dem Brandherd, als es eine heftige Explosion gab, die auch Männer außerhalb des Gebäudes zu Boden warf. Der Trupp konnte sich rasch ins Freie retten. Vier Personen erlitten leichte Verletzungen. Explodiert war die 11-Kilogramm-Propangasflasche eines brennenden Wohnmobils. Über das bereits vorher zerstörte Dach der Werkstatt hatte glücklicherweise ein Großteil des Drucks entweichen können.

Dramatische Situation unmittelbar nach der Explosion: Einsatzkräfte am Boden.

15.10.2006 Taufkirchen, Landkreis München: Infolge einer Selbstentzündung hatte sich in der 15 Meter hohen Hackschnitzelhalde eines Biomasseheizwerks unbemerkt ein Feuer entwickelt und bis zur Entdeckung großflächig ausgebreitet. Zwei Monate lang war die Ortsfeuerwehr immer wieder im Einsatz, bis der Brand letztendlich durch Abtragen der Halde gelöscht werden konnte.

04.12.2006 Pallhausen, Landkreis Freising: Der Besitzer einer abgängigen Kuh fand diese am Abend im Güllekanal unter dem Stall auf. Nach Eintreffen des Tierarztes stieg ein Trupp mit Wathosen in den hüfthohen Güllesee und versuchte, das Tier in dem 35 Meter langen Becken zu fixieren, was erst nach mehreren Anläufen gelang. Nachdem es mit einer Augenbinde versehen worden war, konnte es mithilfe eines Mistbaggers auf sicheren Boden gehoben werden. Der Veterinär stellte außer einer leichten Erschöpfung keinerlei Verletzungen fest. Im Anschluss war für Personal und Gerät eine Generalreinigung angesagt …

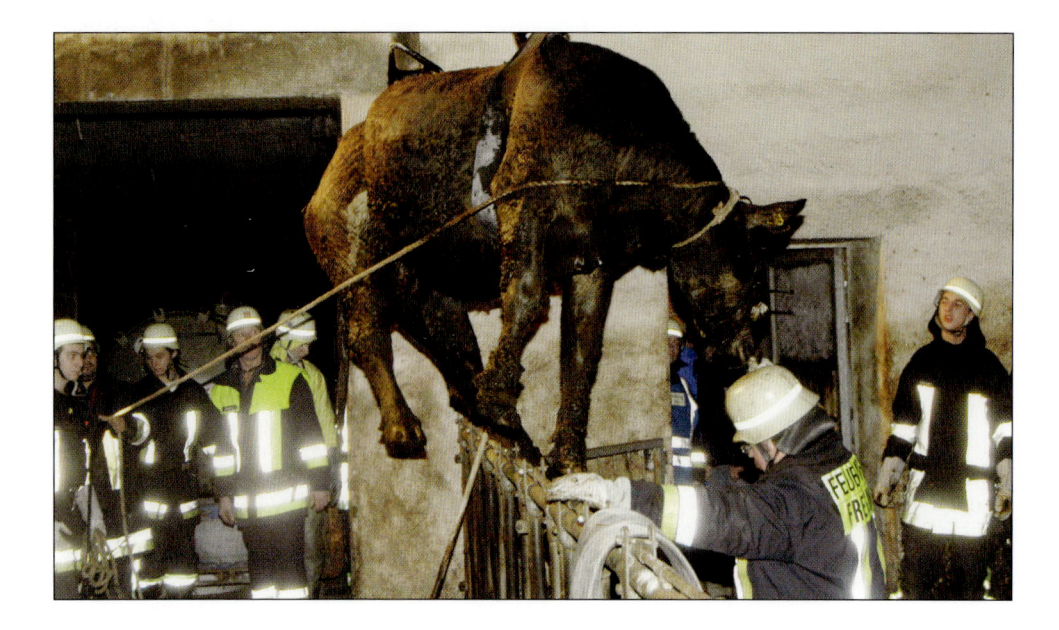

24.07.2007 Gröbenzell, Landkreis Fürstenfeldbruck: Ein mit 250 Passagieren besetzter ICE war bei hoher Geschwindigkeit entgleist und erst nach einem Kilometer zum Stehen gekommen. Es galt, den hundert Meter langen Zug zu evakuieren und acht Verletzte zu versorgen. Außerdem musste der in Schräglage befindliche Steuerwagen abgestützt werden. Fünf Feuerwehren und das THW waren vier Stunden im Einsatz. Ein Sprecher der Bahn bezeichnete den glimpflichen Ausgang als „außergewöhnliches Glück".

22.08.2008 Baierbrunn, Landkreis München: „Seenot" auf der Isar! Ein mit 50 Ausflüglern besetztes Floß war in Höhe des berüchtigten Georgensteins außer Kontrolle geraten und unmittelbar vor einem Wehr gestrandet. Da ein Großteil der Fahrgäste alkoholisiert war, kam eine Rettung über Leitern und den Wehrgang nicht infrage. So wurden alle mit Schwimmwesten versehen und mit Schlauchbooten der Feuerwehr innerhalb von 90 Minuten in Sicherheit gebracht. Da gab's daheim was zu erzählen …

11. Juni 2010 Abersdorf, Landkreis Ebersberg: Ein Großbrand auf einem landwirtschaftlichen Anwesen in der Ortsmitte forderte in der Nacht die Einsatzkräfte von neun Feuerwehren aus drei Landkreisen. Probleme bereitete insbesondere die Rettung der rund 80 eingestellten Kühe und Kälber. Nach einer Stunde hatten die 150 Helfer die Lage mit 18 Rohren und Wasserwerfern unter Kontrolle. Brandursache war vermutlich Selbstentzündung im Heustock.

07.12.2010 Pemmering, Landkreis Erding: nächtlicher Großbrand eines Firmengebäudes. Wegen unzureichender Löschwasserversorgung mussten mehrere Förderleitungen von einem 250 Meter entfernten Weiher zur Brandstelle gelegt werden. Obwohl das Feuer erst nach zwei Stunden unter Kontrolle gebracht war, gelang es den elf Wehren aus den Landkreisen Erding, Ebersberg und Mühldorf, ein unmittelbar angrenzendes Wohnhaus zu sichern.

SCHNAPPSCHÜSSE UND KURIOSITÄTEN

Zum Abschluss noch einige Aufnahmen, meist im Vorübergehen aufgenommen. Neben der Dokumentation der eigentlichen Einsätze bieten sich immer wieder nette, oft auch humorvolle Motive, die zum Schmunzeln anregen oder auch Fahrzeuge und Gerätschaften zeigen, die nach ein, zwei Jahrzehnten bereits historisch anmuten. Für den aufmerksamen Fotografen sind dies stets Eindrücke, die er einfach einfangen muss!

Links: 1985: Nach einem Einsatz bei -15 Grad steht der Schutzanzug von selbst ... Rechts: 24. 02. 1988: Da war die Fahrt zu Ende! In meterhohen Schneewehen blieb dieses TLF so aussichtslos stecken, dass ein Radlader zwei Stunden an der Freilegung arbeiten musste.

17.08.1985: Bei dem Hochwassereinsatz wurde alles gebraucht, was Räder hat. Im Anschluss gab's dann eine ausgiebige Brotzeit!

27.03.1988: Immer an der Wand entlang – Hochwasser in Regensburg.

15.04.1989: So kann man's auch sehen!

1990: Einsatzende – und das Aufräumen fängt erst an …

08.04.1990: Das mit den Kunden hat sich vorerst wohl erledigt.

1991: Schlauchbrücken gelten für alle!

06. 12. 1993: Fahrdienst für den Nikolaus.

21.03.1996: So eine Großtierrettung ist gar nicht so einfach.

21.02.1997: sturer Hengst!

14.04.1994: Lauter Optimisten …

… aber sie haben eben schon Schlimmeres erlebt.

Da waren die Oldtimer noch im Einsatz: 1978 in Pullach, Landkreis München (oben) und 1996 in Arnzell, Landkreis Dachau.

23. 11. 1996: ohne Worte!

1998: Wenn ich erst mal groß bin …

1998: Das wär's jetzt!

1999: kein Kommentar!

14.11.2000: Auch das spricht für sich …

10.08.2002: Dieser Hochwassereinsatz geht ans Eingemachte!

2003: Hilfe für die Kollegen in Grün.

2007: Tja, wenn die echt wär'!

2007: Angenehm – ich bin der Metzger.

2007: im Ruhestand noch vom Feuer erwischt!

Buchhinweise

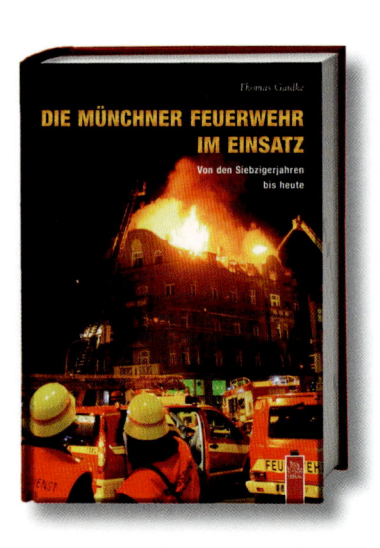

Die Münchner Feuerwehr im Einsatz
Von den Siebzigern bis heute

Thomas Gaulke

ISBN: 978-3-86680-789-1 | 22,95 € [D]

Feuerwehrfahrzeuge in Bayern im 20. Jahrhundert

Hans-Joachim Profeld

ISBN: 978-3-86680-968-0 | 22,95 € [D]

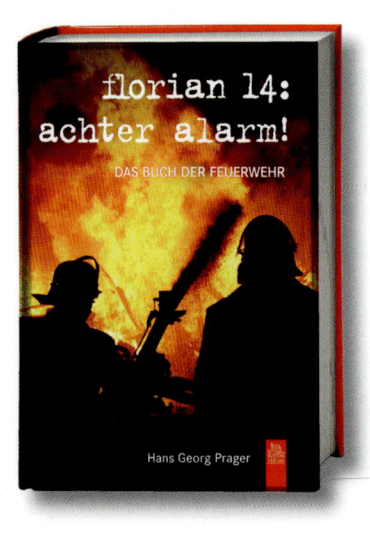

florian 14: achter alarm!
Das Buch der Feuerwehr

Hans Georg Prager

ISBN: 978-3-86680-899-7 | 24,95 € [D]

Weitere Feuerwehrbücher finden Sie unter:
www.suttonverlag.de